人生のどんな問題も解決する哲学思考

これは
thinking book
「考える」本
ではなく
「深く考える」本
Deep-thinking book
です

笠間リョウ

SOGO HOREI PUBLISHING CO., LTD

はじめに

この本には78個の命題と解が書かれています。

皆さんには、これからこの命題の答えを出してもらいます。「命題」と「解」と言うと、どこかいかめしい印象がありますが、「こういうときにあなたならどうしますか」という知的ゲームの一面を持っています。

命題の解は、読者の皆さんが思った数だけありますが、本書では、その解を出すヒントを古今東西の哲学者を頼りました。

プラトン、デカルト、そしてサンデル――。

哲学の教科書では、必ず太字で記されている彼らの言葉をもとに考えていきましょう。あなたは満足できる解を導きだせるでしょうか。

本書を読み、考える上で注意してほしいことがあります。それは、命題の設定を崩さないということです。

例題で考えてみましょう。

【例題】
あなたの乗るクルーザーが座礁し、救命ボートで脱出しました。そのボートは20人乗りですが、船底に穴が空いており、15人までしか耐えられないことがわかりました。くじ引きで降りる5人が選ばれます。さて、あなたはどうしますか。

この命題を考えるとき、「穴を塞いで20人乗れるようにする」「他の荷を捨てて20人乗れるようにする」という答えはNGです。これはそういう状況で、あなたがどう考えるかを問うものですから、設定を変えてはいけないのです。

では、この解を考えてみましょう。

イギリスの哲学者ベンサムは「最大多数の最大幸福の追求が大切だ」と説きました。できるだけ多くの人が幸せになるためには、犠牲になる人がでると考えます。これは量的功利主義と呼ばれています。質ではなく量ですから、誰が犠牲になるかは問題ではありません。ボートが沈まないためには、誰かが犠牲になるということです。このように哲学者の考えに沿って皆さんに考えてもらうのが本書の目的になります。

この解答例が正解とは限りません。あなたの答えを導いてください。

第1章　生きるということ

CONTENTS

CONTENTS

第4章 人生について

装丁／藤塚尚子　本文デザイン／Dogs Inc.　ＤＴＰ／横内俊彦

第1章

生きるということ

How to live well

Q 01

組織のために個人が犠牲になるのか

最大多数の最大幸福

勤めている会社から「リストラをしなければいけない」と発表があった。今ここでリストラをしなければ、数年を待たずに倒産するそうだ。誰がリストラの対象になるかは、社員の間で噂されているが、漏れ聞こえてくるところによるとまったく決まっておらず、どうやらくじ引きで決まるようだ。組織を生かすために個人が犠牲になる――。そんな考え方は正しいのでしょうか。

◀ヒントは次のページ／解答例は16ページ

Q01
ヒント

最大多数の最大幸福を追求することはよく言われていることです。この考え方が生まれた19世紀のイギリスという時代背景も考慮してみましょう。

◀解答例は16ページ

Q02

幸福のクオリティを追求する

幸福を自由に選択する権利

リストラが本格化してきた。早期退職に応じるかどうかの面接があり、会社の状況の説明があった。私はリストラ候補に入ってはいないのでホッとしたが、それもつかの間のことだった。リストラ後の会社は、守りの経営に入り、積極的な営業活動をしないことを伝えられた。これまで付き合ってきたクライアントとの関係死守のみを命じられた。給料は据え置きだが、昇給は望めそうにない。仕事の内容もつまらなくなりそうだ。自由を求めて、会社を辞めるべきだろうか。

◀ヒントは次のページ／解答例は18ページ

Q01の解答例

イギリスの哲学者ベンサムの功利主義は、少数の犠牲はしかたがないと考えられています。功利主義の特徴は３つあります。１つ目は、ある行動を評価するとき、行動の結果を重視する「結果主義」。２つ目は、この結果の中で人々の幸福を重視する「幸福主義」。３つ目は、全体の幸福を考える「最大多数の最大幸福」です。

「最大多数の最大幸福」という部分だけを拡大すれば、少数の犠牲はしかたがないと考えてしまいます。少数の犠牲の上に成り立つ社会というと、奴隷制が思い浮かびます。しかし、ベンサムはこのような犠牲を否定しています。ベンサムが生きた19世紀のイギリス社会は腐敗しており、貴族と平民の格差はとても大きかったのです。それに疑問を持ったベンサムが生み出したのが、社会全体の最大多数を幸福に導く功利主義なのです。

Q02
ヒント

ベンサムの功利主義は幸福の質を考慮していませんでした。幸福を自由に選択できる意味を考えてみましょう。

◀解答例は18ページ

Q 03
人生の岐路での二択

選択できる自由の重さ

新卒で入社してから順調にキャリアを積み重ねてきたつもりだけど、どうやら来週辞令が出ると、おせっかいな先輩が教えてくれた。異動する支店はA県かB県で、どっちにいくかを選ばせてくれるそうだ。両方とも東京からは離れている。どっちを選んでも待遇が変わるわけでもないし、社内的な立場が変わるわけでもない。

◀ヒントは次のページ／解答例は20ページ

Q02の解答例

ベンサムの功利主義は量的功利主義と呼ばれ、その質を考慮するものではありませんでした。私たちは、自由に考えて、自由に行動することができます。その目的が会社の利益を上げるためでも同じことです。最大の利益を上げるために何ができるかを自由に考えて、自由に行動できるのです。その自由というのは、筋肉のようなもので、使わなければ衰えていくのです。

ベンサムの功利主義を発展させて、質の面から幸福と自由を考えたのが19世紀後半にイギリスに登場したミルです。ミルは「満足な豚であるより、不満足なソクラテスでありたい」と『功利主義』の中で書きあらわしています。

ミルの考え方は、私たちには選択する自由があることを示しています。しかし、その自由には代価があるのです。

Q03
ヒント

2つの選択肢ともうひとつ隠された選択肢の意味を考えることが、この質問の本質に迫ることになります。

◀解答例は20ページ

Q 04

歯車として働くことが幸福なのか

自己の存在確認

あなたは広告代理店に勤めています。入社して4年目、少しずつ仕事も任せられるようになってきました。今期からは、自分の立ち上げたプロジェクトを進めており、今日も終電ギリギリまでオフィスで作業をしていました。

終電に乗るために、駅に急いでいるときに、ホームレスが物乞いをしてきました。あなたは、ホームレスに何かをあげますか。

◀ ヒントは次のページ / 解答例は22ページ

Q03の解答例

古代ギリシアの哲学者アリストテレスの『天体論』の中で、同じような事例を犬に置き換えて取り上げています。Y字路に犬が立っていて、同じ距離のところに同じ質と量の餌があります。犬はどっちに行けばよいか迷い、結局餓死してしまうのです。

この課題の核心は、自由の重さを尋ねていることです。同質・同量のものを選ぶとき、どちらを選ぶのも自由だからこそ、その選択には「別の選択肢のほうがよかったかもしれない」という後悔や不安（＝痛み）が伴います。自由がもたらす「選択の壁」を乗り越えなければいけないのです。気をつけなければいけないのは、この壁を乗り越えられず、ズルズルと選ばないでおくことです。それは会社でのあなたの立場を悪くすることでしょう。

◀解答例は22ページ

Q04
ヒント

他者との出会いの価値はどこにあるのでしょうか

Q 05

巨大な組織の中で失われていく人間性

発達した社会での人間の存在意義

同期入社のZは、一言でいうとお調子者。適当に仕事をしているのにどんどんと出世していく。もしかしたら、同期入社の中で最初に管理職になるかもしれない。仕事はサボるし、直行直帰はしょっちゅうする。上司からの小言は、その日一番の笑顔でスルーするタイプ。かといって抜群の成績かというとそうでもない。僕と同じくらいだ。

一方、僕は真面目にコツコツ仕事をするタイプ。営業成績はZよりもよくはないけど、コンスタントに成績を残しているのに、上司の評価はイマイチな感じがする。世の中はこんなに理不尽なことがあっていいのだろうか。

◀ヒントは次のページ／解答例は24ページ

Q04の解答例

20世紀のドイツの哲学者のハイデガーは「高度に発達した文明は人間も道具の一部とみなし、役に立つか立たないかで判断する」と説明しています。会社という組織に属していれば、利益を出すことが優先されます。自分にとって利益のないことを極力避けるのが模範解答といえるでしょう。

しかし、他人のことを、利益を生み出す道具とみなしているうちに、自分自身も道具となってしまいます。そうしているうちに自分自身がビジネスの中で埋没してしまうでしょう。埋没しないためには、他人を道具としてみないことも大切です。

他人との出会いは大事なものです。役に立つか立たないかで判断せずに、尊い人格を持つ一人の人間として接するように心がけましょう。

Q05
ヒント

アリストテレスが説く部分的正義と全体的正義の意味について考えてみましょう。今回のケースはどちらに該当するでしょうか。

◀解答例は24ページ

Q 06

善く生きることを貫く大切さ

古代ギリシャ的正義とは何か？

年度末、なんとか売上を上げようとビジネス街を走り回っているあなた。取引先のA商社からの入金がひと桁多かった。500万円のところ1500万円が振り込まれていたのだ。このとき、あなたは入金の間違いをすぐに指摘しますか。それとも黙ったままにしておきますか。

◀ヒントは次のページ／解答例は26ページ

Q05の解答例

Q05の解答例

頑張っても出世できるとは限らないことはおわかりでしょう。もしかしたら、「出世は運やタイミングによるところが大きい」と考えてはいませんか。成果主義の社会では、成果を上げている人が評価されるのは仕方がないこと。

アリストテレスは正義を全体的正義と部分的正義の2つに分けています。全体的正義というのは、自分のことを消して、社会で決められた法律・規範などに従うことです。部分的正義は、功績に応じて報酬を支払ったり、そこから派生する利害（額など）を調整する利害的正義も含みます。

各人の名誉や財産が、功績に応じて配分されることが部分的正義です。Zだけが優遇されるのは、アリストテレスのいう部分的正義とは合致しないといえるでしょう。

Q06
ヒント

ポリスの自由民は全人口の5分の1ほどでした。選ばれた民であった自由民の彼らが求めたのは何だったかを考えてみましょう。

◀解答例は26ページ

Q 07

欲望に導かれる行動は自由なのか

自由の定義を考える

あなたは、明日までに終わらせなければいけない仕事があります。家に帰って作業をしようと思いましたが、連日の多忙で体が動きません。「自由になりたいなあ」と思い、その夜はあきらめて寝てしまいました。翌朝、少しスッキリした頭で考えました。「あきらめて寝ることと、無理を押しても仕事をすることのどちらが自由なんだろう」

◀ヒントは次のページ／解答例は28ページ

Q06の解答例

古代ギリシアがポリス社会だったことは世界史で学んだでしょう。ポリスは、自由民と奴隷で構成され、自由民は全人口の5分の1ほどでした。自由な彼らが求めたのは、善い生き方でした。それはポリスを発展させることを目的とするものでした。各人が善を発揮することが正義だったのです。

アリストテレスは、道徳・法に即した行動を一般的正義と考えました。つまり、ギリシア社会のどこに行っても通用する正義（＝善き生き方）です。一方で、特殊的正義についても説明しています。それは、ポリス内での貢献度に応じた地位や名誉、報酬の適正な配分です。

あなたの場合、A商社からの間違った入金が、アリストテレスの説く「正義」にあたるかどうかを考えてみましょう。

Q07
ヒント

「〜したい」という欲望は、あなたが自由であることの証明なのでしょうか。欲望と自由の意味について考えてみましょう。

◀解答例は28ページ

Q08

お腹いっぱい食べることの哲学的意義

快楽主義の定義

会社のことで悩むのは平日だけで十分。たまには気分転換で食事に行こうと近くのレストランに入った。すると、焼肉食べ放題をやっていたので、2時間でお腹いっぱい食べた。満足してレストランを出た。これっていわゆる快楽主義者のやることなの？

◀ヒントは次のページ／解答例は30ページ

Q07の解答例

自由というと時間に縛られず、思うままに行動するイメージがあります。空いている時間に買い物に行ったり、時間を気にせずに友だちとランチを楽しんだり……。

しかし、18世紀のドイツの哲学者カントが説く自由は、まったく逆のものです。自分自身の意思決定で欲求をコントロールすることが自由なんです。

体調が悪いあなたは「今日は仕事をやめて寝たい」という欲望に従いました。それは、欲望にコントロールされていることになります。「確かに疲れているけれど、仕事を終わらせるぞ」と自分の意思で決めれば、欲望をコントロールしたことになり、あなたは自由な存在だと言えるのです。

「私は、欲望なんかに負けないぞ！」

この時、あなたは理性の力で欲望に勝った自由な存在になるのです。大学3年にな

◀解答例は30ページ

Q08
ヒント

古代ギリシャの哲学者エピクロス快楽を「第一の善」としましたが、これ以上無理というところまで食べるのは快楽主義的な行動でしょうか。

Q09

競争ばかりの人生について

アリストテレスの説く「最高善」

大学3年になった。就職活動を始めなければならない。これまでの人生、といってても20年ちょっとだが、もう嫌というほど競争してきた。「お受験」で私学の小学校に入ったはいいけれど、大学は国公立に行きたくて、勉強は誰よりも一生懸命やったつもりだ。そして、大学入学したけれど、3年が始まってすぐに就活だ。多分、会社に入っても、競争ばかりなんだろうな。それが僕の人生なんだろうか……。

◀ヒントは次のページ／解答例は32ページ

Q08の解答例

「快楽を出発点として、私たちすべての選択と忌避をおこなう」として快楽主義を説いたのは古代ギリシアの哲学者エピロクロスです。彼は、快楽を「第一の善」としています。しかし、彼が焼肉食べ放題を快楽主義と認めていたかはわかりません。

お腹いっぱい食べるのは快楽主義的な行動でしょうか。答えはNOです。快楽と苦痛は相関関係にあります。不足しているという苦痛を埋めることで快楽が乗じるのです。焼肉を食べることで、空腹が充足された段階で苦痛は消えているのです。そこからさらに食べることは、食べられる最大量を超えていますから意味がないのです。

エピロクロスは、「パンと水さえあれば、ゼウスと幸福を競ってみせる」とも言っています。快楽主義とは、本来質素な生活を求めることなのです。

Q09
ヒント

アリストテレスは、世界のすべての存在が目的を目指して動いているという「目的論的世界観」を唱えました。そこから答えを導いてみましょう。

◀解答例は32ページ

Q10 理性的に生きる

禁欲主義に沿ったライフスタイル

外資系を目指して就職活動をしている。面接も何度かあったけれど、順調にパスしてきた。懸案は、ボクのタバコ癖だ。これまで吸ったことはなかったが、先日ちょっとしたことから吸い始めてしまい、習慣になってしまいそうだ。やめなければいけないと思うが、やめられるだろうか。

◀ヒントは次のページ／解答例は34ページ

Q09の解答例

アリストテレスは、世界のすべての存在が目的を目指して動いているという「目的論的世界観」を主張しました。アリストテレスが生きた時代、すべての行為は善を目的としていると言われていました。そして、その善の達成は、次の善の目的を生み、どんどんと社会がよい方向に向かっていくのです。その終着点を「最高善」と呼びました。最終目的ですね。目先の競争にとらわれていては、人生の最終目的は見えてこないでしょう。少し俯瞰する必要があります。バス停まで歩くことと散歩は、同じように見えますが、その目的が違えば意味が違うのです。

目的をどんどん突き詰めていって、もうこれ以上はないという終着点にたどり着くことができれば、それが人生の目的です。アリストテレスは、それを「幸福」と考えたのです。目的を持ち日々を生きましょう。

Q10
ヒント

動物の生き方は禁欲とは無縁で、思うままに生きています。しかし、人間は違います。どこに違いがあるのでしょうか。

◀解答例は34ページ

Q11

運命は自分で切り開くことができるか

ルネサンス期に台頭した新しい自由

大学卒業を機に、実家を離れて一人暮らしを始めることにした。やっと大きな声で言える。「ボクは自由だ！」と。親は絵に描いたような心配性で、大学進学の条件は自宅から通えることだった。ボクもそれで親が納得してくれるならと深く考えずに自宅から通い続けた。でも、少しずつ自分の可能性を信じられるようになって、自由になりたいと思い始めた。自由になったはいいけれど、さて何から始めようか。

◀ヒントは次のページ／解答例は36ページ

Q10の解答例

ギリシア哲学の一派にストア派というのがあります。エピキュロスと同時期に生まれた一派ですが、ストア派はストイックという言葉であらわせるように「禁欲主義」をかかげています。

ストア派を開いたと言われるゼノンは紀元前4世紀の人物です。彼が説いた生き方は「自然のままに生きる」。言葉だけをみると「自然のまま＝本能のまま」と解釈されますが、実は違います。動物は本能のままに生きますが、人間は理性的な生き物ですから、人間の自然というのは理性的に生きるということです。ですので、本能を抑えて生きることが大事だとストア派は言うのです。パトスと呼ばれる感情的で欲求的な衝動を抑えて、何事にも左右されないアパテイア（不動心）を身につけた賢者になることをストア派は目指しています。

Q11
ヒント

ルネサンスとは文化的・社会的な革新運動で、それまでの既存の権威に挑みました。そこから生まれた新しい思想について考えましょう。

◀解答例は36ページ

Q12 ブラック企業で働くときの心構え

『君主論』の理想国家と現実の差異

ボクが勤めているのはブラック企業だ。会社の社長は暴君そのもの。1日でとうてい終わらない仕事をおしつけて、自分はさっさと定時であがってしまう。それでも業績自体は好調なので、給料はそこそこ。もしかしたら、上がるかもしれないけど、それは暴君社長の気持ち次第なのは間違いない。

こんな暴君社長に存在意義はあるのだろうか。

◀ヒントは次のページ／解答例は38ページ

Q11の解答例

14世紀のイタリアで起こったルネサンスは文化的・社会的な革新運動で、それまでの既存の権威（＝中世のキリスト教観）に挑むものでした。ルネサンス以前のヨーロッパ人は、神様によって人生が決められているので、罪をおかさないように質素な生活を送ることが美徳とされていたのです。

ところが、ルネサンスにより、「人間は自由意志があるから、なんにでもなれる」、つまり「自分の運命を自分で切り拓いていける」と人々は考え始めたのです。15世紀のイタリアの哲学者ピコは、『人間の尊厳について』で、人間は自らの自由意志で望むものになれると説いています。

この考えが、当時のヨーロッパ人を神の束縛から解き放ったのです。あなたも自由に、何にでもなれます。

Q12
ヒント

理想と現実の間にギャップが生まれるのはしかたがないことです。どこまで許容できるでしょうか。

◀解答例は38ページ

Q13 疑う気持ちが抑えられない

疑い尽くして残ったものは何か

もう何も信用できない――。今日の私の心はこんな気持ちでいっぱいだ。きちんとセットした目覚ましが動いていなくて、遅刻寸前。こんなときに限って電車が遅れている。しかも会社がある15階までのエレベーターは目の前で閉まるし、ランチは全部売り切れ……。これからの予定もダメだろうな。

何もかも疑ってかからなければダメなように思う。こんな気持ちでいいんだろうか。眉毛釣り上がってないかしら。

◀ヒントは次のページ／解答例は40ページ

Q12の解答例

ルネッサンス期のイタリアの政治思想家マキャベリは『君主論』の中で、「君主は狡猾さと権力でもって国家を統治するべきだ」と説きました。

君主が理想的な人間であることは大切なことですが、場合によっては強引な手段で物事を進めることも必要と言うのです。プラトンは哲人政治による理想国家を説きましたが、マキャベリが求めたのは現実的な心理です。マキャベリは、市井の人々が害を被らないように法律を作り、法律を破る者には刑罰を定めるべきだとしました。ここで「正義」の考えが生まれたのです。

あなたのいる会社の社長は暴君であるかもしれません。辞めるかどうかはあなたの判断ですが、その決断の基準は彼に正義があるかどうかで考えてみてください。

Q13
ヒント

自然はすべて合理的な因果関係で結ばれているとデカルトは考えました。本当に因果関係があるかを疑うことが出発点です。

◀解答例は40ページ

Q14

体が感じる痛みと心が感じる痛み

体と心は別とする物心二元論

柱に足の小指をぶつけた。痛くてうずくまっていると、荷物を運んでいて前の見えない妻がぶつかり、さらに腰を痛めた。もんどりうって、痛がっているときにふと思った。

「この痛みって、衝撃を神経が感じて、それを信号として脳に伝えて生じているのだ。ではその信号を送らなければ痛みは感じないのかしら」

◀ヒントは次のページ／解答例は42ページ

Q13の解答例

17世紀、フランスの哲学者デカルトは、機械的自然観を唱えました。機械的自然観とは、自然はすべて合理的な因果関係で結ばれているということです。

デカルトは、絶対確実な真理を求めるために、すべてを徹底的に疑います。どんなに疑っても疑えないものが残ったら、それが第一原理として考えます。それが、「私は疑っている」という事実なのです。これが「コギト・エルゴ・スム（考える故に我有り）」となるのです。

何も信用できないなら、すべてを疑ってみましょう。そこで残ったものが、あなたにとっての真理なのかもしれません。

◀解答例は42ページ

Q14
ヒント

デカルトの言う物心二元論では、心と肉体はまったく異なる性質を持ちます。そこ異なる2つの性質を考えてみましょう。

Q15 いつもと変わらない日常に自由はあるか

デカルトの提唱する「決定論」とは

毎朝起きて会社に行く。働いて、定時にタイムカードを押して、家路につく毎日——。
そこに自由ってあるんでしょうか。

◀ヒントは次のページ／解答例は44ページ

Q14の解答例

デカルトは心と肉体は別のもので、肉体は科学で説明できるけれど、心は非物質的なので別のものと考えています。彼の言う物心二元論では、心と肉体はまったく異なる性質を持ちます。肉体を含める物体の本質は存在であり、心を含める精神の本質は思惟することです。

ですので、あなたの感じる痛みは、肉体が作り出した痛みの影響を心が受けているのです。人間とは心と肉体の相互作用をしている存在なのです。

心が肉体からの影響（情念）を支配し、コントロールするところに心の気高さがあると考えました。

心は肉体よりも高位にあります。そう信じれば、少しは痛みが引くかもしれません。それでもダメなら病院に行きましょう。

Q15
ヒント

デカルトの唱えた「決定論」から、どのような解答が導き出されるでしょうか。

◀解答例は44ページ

Q16

自由意志は本当に自由か

自己の意思決定をおこなうのは誰か

今日のランチは、行列ができている讃岐うどんの店。お目当ては、釜玉うどんの大盛り。本当は、糖尿気味だから、糖質は控えなければいけないのだけれど、先日の健康診断で思いの外、結果がよかったので、ランチは自由に食べることにした。

好きなものを好きなだけ食べられるというのは自由なのかなあ。

◀ヒントは次のページ／解答例は46ページ

Q15の解答例

デカルトは、精神と体をまったく別の実体だと考えました。体がなくなっても精神は残ると説いています。そして精神に自発性と自由をみとめました。

会社に行かずに買い物に行くことは自由でしょうか。私たちは自由であると思い、行動していますが、行動の前に原因がなければ、行動できないのです。行動Aには理由aが、行動Bには理由bがあるはずです。すると、すべての行動は必然的に決定していることになります。

このように自己の意志で自由に行動しているというのは、幻想であり、すべてはあらかじめ決定しているというのが「決定論」という考え方です。

あなたが会社へ行くのも、休むのも、「決定論」から言えば必然なのです。それならば、生産性のある出社のほうがよいでしょう。

Q16
ヒント

人が投げた石は、自由意志で飛んでいるのでしょうか。もし、石に自由な意思があるならどうなるでしょう。

◀解答例は46ページ

Q17

悪人は生まれたときから悪人なのか

欲望の克服をする意義

友人Aはよくトラブルを起こす。この間も、万引きで捕まった。「欲しいものがあっても我慢しろ」と怒ったら、「キミは決定論って知っているかい。物事はすべて決まっているんだ。万引きもあらかじめ決められたこと」と開き直る始末。彼をなんとかしたいのだけれど、一体どうすればいいのでしょう。

◀ヒントは次のページ／解答例は48ページ

Q16の解答例

好きなものを好きなだけ食べられるというのは、心地よさや快適さに従っている状態で、真の自由ではありません。
スピノザは『エチカ』の中で、「自然には偶然なものはない。すべては神的な自然の必然性によって規定されている」と書いています。つまり、人間には自由は存在しないというのです。ある人が石を投げたとしましょう。もし、石に自由な意思があれば、「オレは自分の意思で飛んでいる」と思うでしょう。しかし、その石は人が投げたものなのです。
スピノザによれば、あなたが今日のランチで釜玉うどんの大盛りを食べることはすでに決まっていたことなのです。

Q17
ヒント

能動的な欲望が、受動的な欲望をコントロールする（制御する）とスピノザは説きました。

◀解答例は48ページ

Q18 同じ遺伝子は同一人物か

ロックの説く経験論

僕たちは双子の兄弟です。「似ているけど、似てないね」ってよく言われます。バレンタインのチョコは弟のほうが多い。学校の成績は僕がリードしている。一卵性の双子だから、遺伝子は全く一緒のはず。親は私たちを同じように育ててくれました。それなのに、どうしてこんなに差が出ちゃうんでしょう。

◀ヒントは次のページ/解答例は50ページ

Q17の解答例

スピノザの「決定論」では、宇宙ができたときに、今この瞬間がすでに決定していることになります。それなら、悪人による犯罪も「すでに決まっていること」と開き直られるかもしれません。しかし、スピノザはこれを否定しています。

スピノザによると、個体は自己保存をしようとします。それをコナトゥスといいます。「〜される」という受動性を脱して、「〜したい」という能動性にを指向するのです。たとえば、眠りたいというのは受動的な欲望です。しかし、眠りを認識したい（制御したい）という精神の内面から生まれる欲望は能動的だと考えるのです。

つまり、万引きをしたいという欲望は、決定論で責任逃れはできません。万引きしたいという欲望を、制御する必要があるのです。

Q18
ヒント

ロックは生まれたばかりの人間を「何も書かれていないタブレット（＝タブラ・ラサ）」と表しました。

◀解答例は50ページ

Q 19

まとまりのない組織の未来

ホッブズの社会契約論①

今日は年に1度の部活動の総会だったんだけど、どいつもこいつも好きなことばかり発言して、なんにも決まらなかった。このままじゃ、インカレでいい成績なんて残せっこない。辞めちゃおうかな。

◀ヒントは次のページ/解答例は54ページ

Q18の解答例

イギリスの哲学者ロックによれば、私たちの知識は観念から構成されます。つまり、観念というのは、実際に触れたりする経験から生まれるのです。

生まれたとき、私たちの心には何もありませんでした。白紙だったのです。これをロックは「何も書かれていないタブレット（＝タブラ・ラサ）」と表しました。私たちの心は何でも描くことのできる真っ白なキャンバスだったのです。

真っ白のまま生まれていたので、いろんな色に染まることができます。あなたが、妹と違っていくのも当然なのです。

Q19
ヒント

各人が、各人の利益を追求すると混乱をきたします。その状況を沈静化するには、なにが必要になるでしょうか。

◀解答例は54ページ

Q20 権力に抵抗する

ホッブズの社会契約論②

　クラブの総会は、カオス状態だったが、最上級生のSさんが意見を一本化してくれることになった。チームとしてまとまってインカレを目指すが、Sさんは私たちを束縛するようになった。練習時間が長くなり、部費を値上げしたのだ。違反すれば、退部ということになった。

　私たちはいつまで我慢しなければならないのだろう。

◀ヒントは54ページ／解答例は56ページ

第2章

働くということ

The reason we work

Q19の解答例

人間はもともと法律の存在しない「自然状態」に生きており、そこでのヒエラルキーは腕力が一番有効だ――。自分の命を守るためなら何をしてもいい（＝自然権）と考えたのが16世紀のイギリスの哲学者ホッブズです。「万人の万人に対する闘争」では、社会が成立しません。各人が、各人の利益を追求すると混乱をきたします。だから、人間は理性の声に従うのです。

自然権をある権力に渡すことで、自然権を制限する協約を結ぶのです。ホッブズはその延長上に国家があると考えました。

ですので、あなたが部内の混乱を収めるためには、効果的な権力を作り出すことが近道だと言えるでしょう。

Q20
ヒント

ロックは、生命・自由・財産を人間が持つ「自然権」を考えました。お互いの自然権を侵害しないために必要なものとはなんでしょうか。

◀解答例は56ページ

Q21

同じ記憶を持つ人間

ヒュームによる自己決定論

ＳＦ小説を読んでいたら「ん？」と思った。未来の地球でまったく同じ記憶と意識を持った２人の人間が同じ部屋にいるのだ。この２人は同一人物なのだろうか——。混乱したのは、こんな記事を読んだからだ。「ＡＩへ人間の記憶を移すことに成功した」というニュースだ。

もし、僕と同じ記憶を持ったＡＩがいるなら、それは同一人物になるのだろうか。

◀ヒントは次のページ／解答例は58ページ

Q20の解答例

イギリスの哲学者ロックは、生命・自由・財産を人間が持つ「自然権」と位置づけました。各人が自然権を守るため、安全が確保された状態へ進むためには、相互に相手の自然権を奪わない契約（＝社会契約）が必要だと考えました。その契約を基礎として、あるグループに、その契約を委託しました。それがロックの考える国家となります。しかし、最高権力は人（＝市民）にあるので、国家委託に反する場合は、国家に呈して、抵抗する権利を持ちます。

あなたたちの「自然権」が侵害されるようであれば、それに対して抵抗することに問題ありません。どういう選択がクラブにとってよいことか考えて行動しましょう。

Q21
ヒント

ロックの経験論を完成させたヒュームは、知覚について、ロックとは別の考えにたどり着きました。

◀解答例は58ページ

Q22 変わることのない観念について

ロックの説く第一性質と第二性質について

ダイエットも佳境に入った。そろそろ目標の体重に到達しそうだが、食事はほぼ毎日納豆だった。しばらく、納豆を食べたくないほど食べてきた。でも、見れば見るほど、納豆って不思議な食べ物だ。ネバネバでまとまったものが納豆なのか？　それとも粒一つひとつが納豆なのか？

◀ヒントは次のページ／解答例は60ページ

Q21の解答例

ロックによれば、同じ部屋にいる2人の記憶などが意識によってつながっているのであれば、その2人は同一人物となります。

しかし、ヒュームは、私たちが「自己」だと思っているものは、「知覚」以外にないと主張し、「自己とは知覚の束に過ぎない」と主張します。

現代の哲学の考えでは、別人と考えたほうがよいでしょう。

Q22
ヒント

ロックはいかなるときも普遍の性質を第一性質と名付けました。そこから、物事の本質にたどり着けると考えたのです。

◀解答例は60ページ

Q23

現実と非現実の境界について

バークリの物質論

ダイエットが終わったのに、まだ納豆の夢を見ます。現実と夢の境があいまいになってしまったようで不安になってきました。

◀ヒントは次のページ／解答例は62ページ

Q22の解答例

ロックは物体を把握するのに、知識に基づいた観念を用います。例えば、野球のボールを考えてみましょう。その形や大きさ、動いているのか止まっているのかは、皆さんはわかるでしょう。こういう物の観念、つまり性質をストレートに示す観念を「第一性質」と名付けました。

匂いや色という観念は、人間の感覚によるもので、第二性質としました。

では納豆はどうでしょう。粒は個体として存在し、箸を使って口に移動させられます。これは物質そのものに存在するので、第一性質です。香ばしい匂いは、人間のみが感じるものですから、第二性質となります。

ですので、納豆はまとまっても、粒でも、その第一性質を失いませんから、そのまま納豆といえそうです。

Q23
ヒント

バークリによると、物体の存在を突き詰めていくと、心での知覚によって存在が決定します。

◀解答例は62ページ

Q24

手にあるリンゴは本当に実物だろうか

印象は記憶と想像によって観念になる

いろんな人に裏切られて、ボクは何も信じることができなくなっている。リンゴを食べているときに、ふと思った。このリンゴ、ちゃんと存在しているのだろうか。

◀ヒントは次のページ／解答例は64ページ

Q23の解答例

私たちはこの世界が現実のものだとわかっています。しかし、それが幻想だったとしたらどうでしょう。17世紀の哲学者バークリーは、その境がどうなっているかを考えました。物体の第一性質は、そのものの性質を指します。第二性質は、色、音、匂いなど人間だけが感じられる性質です。

バークリーは形を把握するためには色が必要です。触って確かめなければ、物体が空間を占めているかわからない。私たちの心を離れては、物体は存在できないとバークリーは考えました。存在することとは、知覚されることなのです。それを突き詰めると、物質は知覚する心の中にしか存在していないのです。

つまり、夢の中に出てきた納豆はあなたが心で知覚したものですから、バークリーによると実際に存在にするのです。

Q24
ヒント

自我とは知覚の束とヒュームは説きました。

◀解答例は64ページ

Q25

知覚できないものは存在するのか

因果律の否定

どこかに逃げ出したくても、逃げられない——。そんな思いに取り憑かれている。ここではないどこかへ逃げ出したい気分だが、扉の向こうに、まったく知らない風景が広がっているなんてありえるんだろうか。

◀ ヒントは次のページ / 解答例は66ページ

Q24の解答例

バークリーは、外部にはなにもないと説きましたが、それを突き詰めて考えたのが哲学者ヒュームです。彼は、リンゴを食べているときのリアルな感じ（＝食感）が印象であり、「僕はリンゴを食べた」と頭に浮かぶのが「観念」だと説明します。印象は、記憶と想像によって観念になるのです。

Q25
ヒント

ボールを蹴れば飛んでいきます。蹴る→飛ぶというのが因果律です。それを思い込みに過ぎないとヒュームは説明しました。

◀解答例は66ページ

Q26

不安定な社会に生きる不安

ヒュームの正義論

テレビをつければ暗いニュースばかりでイヤになることが多い。汚職、選挙違反、殺人など目を覆うような事件ばかり。今の世の中に正義なんてないんだろうか。

◀ヒントは次のページ／解答例は68ページ

Q25の解答例

ヒュームは因果律を否定しました。ボールを蹴れば飛んでいくというのはニュートン力学が作用していると考えます。それが因果律、つまり、ボールを蹴っても蹴らなくても、ニュートン力学は作用しているのです。しかし、ヒュームによると、人間は、「ボールを蹴れば飛んでいく」という経験を何度も重ねているに過ぎない。よってAをすればBとなるという因果律は、ただの思いこみだとヒュームは言うのです。

あなたの家のそばにコンビニがあったとしましょう。しかし、あなたが知覚していない郵便局は、存在していないかもしれないのです。知覚していない郵便局が存在しているというのは想像でしかないのです。

あなたの目の前の扉の外は、どんな景色が広がっているのでしょうか。まずは、一度、扉を開けてみましょう。

Q26
ヒント

観念論によると、「正義」はもともと人間に備わっているものではなく、みんなが正義だと思っていることを経験（＝共有・教観）しているのです

◀解答例は68ページ

Q 27

相反するベクトルをまとめる

経験論と合理論の融合

私は商社の営業チームで事務を担当しているのですが、最近、チームが2つに分裂していて困っています。一方はこれまでの経験値を生かして以前からのクライアントへのアプローチを中心にしたい。一方は、気合でどんどん新規開拓をしたい。どちらの言い分も正しいように思います。正解はいったいどちらなのでしょうか。

◀ヒントは次のページ／解答例は70ページ

Q26の解答例

ヒュームは正義について説明しています。彼によると、「正義」はもともと人間に備わっているものではなく、皆が正義だと思っていることを経験（＝共有・共感）していると説明します。

彼によると人間が所有できる財は3つあります。「内的満足」「外的優位」そして「財産」です。最初の2つは他者は関係ありません。財産は、勤勉と幸運によって自分が獲得したものですが、他者による強奪の可能性があります。「あれが欲しい」という利己心を制するために、便宜的な取り決め（＝他人のものは奪わない）を結ぶことで各人の財産が安定するのです。共有している取り決めが「正義」の観念なのです。

私たちは、ヒュームが説く「正義」をもう一度考えたほうがよい時期に差し掛かっているのかもしれません。

Q27
ヒント

カントによる理性と経験の融合により、あたらしい世界の見方が提示され、哲学は一歩前に進むことができました。

◀解答例は70ページ

Q 28

未知の世界はすべて把握できるのか

アプリオリ的な世界認識

長年の夢だった鍼灸師の資格をとるために学校に通っています。事務職から転職をしたいのですが、学校で習うことは新しいことばかり。世界はこんなに広かったのかと驚いています。未知の世界をどんどん知りたいと思いますが、可能でしょうか。

◀ヒントは次のページ／解答例は72ページ

Q27の解答例

18世紀の哲学者カントは、イギリスで主流だった「経験論」とヨーロッパ大陸を席巻していた「合理論」の統合を実現しました。

人間の理性（＝推理する力）はどこまで世界を認識できるのか。また、どのように認識するのかを説明したのです。合理論は突き詰めると思い込みに過ぎなくなります。一方、知覚（＝経験）が認識の基本と考える経験論は、理性を疑います。それが煮詰まってしまうと、ヒュームのような観念論に陥ってしまいます。

カントは理性と経験の融合により、新しい世界の見方を提示したのです。

あなたの場合は、やはり2つのチームのよさをつなげるには何をするべきかを考えてみるのが解決の近道ではないでしょうか。

Q28
ヒント

私たちの認識をカメラ、私たちを映画監督に置き換えてみましょう。そのとき、世界はどのように映し出されるでしょうか。

◀解答例は72ページ

Q 29

自由とは何事にも制約されない

カントの自由論

妹は何かにつけておねだりをしてくるから困るなあ。忘れ物を駅まで届けてくれとお願いすると、「届けたら、ご飯ごちそうして」だって。こっちも、給料日前で厳しいのに、そんなのはお構いなし。一番高いハンバーグとデザートまで遠慮なく頼むんだからね。

◀ヒントは次のページ / 解答例は74ページ

Q28の解答例

私たちは世界をある程度自分たちの認識で作り上げています。私たちの認識をカメラに置き換えてみましょう。カメラに映し出される映像は、撮影者である私たちの主観によって構成されています。

レンズを向けた対象を私たちは、先験的な（＝すでに獲得している）システムで認識します。このシステムを通らないモノは認識されないのです。私たちの頭で認識できないモノを「物自体」とカントは命名しました。レンズの外にある「物自体」を私たちは認識できないと考えたのです。

私たちが理解できないほど、世界は広大です。それを知った上で、勉学に励むことはとても効果的ではないでしょうか。

Q29
ヒント

決定論に基づくスピザノの自由論とカントの自由論の違いを考えてみましょう。

◀解答例は74ページ

Q30

どうしてゴミは決められた日に出すのか

カントが説く道徳の法則

一人暮らしをして3カ月。楽しいけれど、めんどくさいことが増えた。たとえば、ゴミ出し。決められている日に出すのがめんどくさいんだよね。マナー違反とか道徳違反とかいうけれど、ちょっとぐらいバレなければいいんじゃないかと思っているのだけれど……。

◀ヒントは次のページ／解答例は76ページ

Q29の解答例

カントは自由についてこう説明しています。人間は自分自身をコントロールする自由があると。スピザノの決定論では、すべてのことが決定しているので、人間に自由意思はありませんでした。しかし、カントは理性によって自分をコントロールするときに、自由が発動されるというのです。因果関係とは関係なく、自分の欲求をコントロールする。つまり、自分で自己決定できることが自由なのです。

カントは「もしAであるなら、Bを実行しなさい」というのは、道徳的ではないと説きました（＝仮言命令）。つまり、AならBという因果律に縛られているのです。Aという条件に関係なく、無条件でBをすることが自由なのです（＝定言命令）。

あなたは、無条件で妹にハンバーグをごちそうすることで、因果律から解放されて、自由を手に入れるのです。

Q30
ヒント

カントの説く法則を考えてみましょう。

◀解答例は76ページ

Q31 あなたはカンニングを許せますか

道徳の法則と弁証法

この間のテストで隣の席の子がカンニングをしていました。私は一生懸命に勉強して、試験に臨んだのに、カンニングをするなんて許せない！　でも、その子はクラスで一番仲のいい子なの。そうしたら、先生に、「この間のテストでカンニングをした生徒を知っているか」と聞かれちゃった。私はちゃんと教えるべきなのでしょうか。

◀ヒントは次のページ／解答例は78ページ

Q30の解答例

カントは道徳に法則があると説きました。すべての人が、同じように世界を理解するシステムを備えているので、個人がバラバラであっても同じように世界を理解できるとしたのです。

「君の格率が同時に普遍的法則となるように行為せよ」とカントは説明します。「格率」とは個人のモットーと言い換えられます。

ゴミを好きな日に捨てることが、その人のモットーとしましょう。すると街中がゴミで溢れます。回収もままならなくなり、社会が混乱していきます。自分のモットーが社会の混乱を招くので道徳に反しているということです。

ゴミ出しは大変ですが、前日寝る前に準備するなどしておきましょう。

Q31
ヒント

ヘーゲルはカントが説く道徳の法則に異を唱えました。人は必ずしも画一的な行動をとることはできないと彼は言います。

◀解答例は78ページ

Q32 ケガをして働けなくなった

ヘーゲルによる人間個々の欲望の相互作用

コンビニのバイトでケガをしてしまった。トラックで運ばれてきた荷を降ろしているときに、指を挟んで骨折した。

バイトに入らなければ、学費の捻出が難しくなる。しかし、しばらくは安静にしなければいけなさそうだ。いったいどうすればいいのだろう。

◀ヒントは次のページ／解答例は80ページ

Q31の解答例

カントの定言命令ではウソをつくことは道徳的に反しますから、カンニングした生徒を先生に教えなければなりません。しかし、それで日常生活が送れるでしょうか。

このカントに対して、異を唱えたのがヘーゲルです。ヘーゲルは社会の中では、人間は画一的な行動ができないと説きました。

Xという正しいことをしなければいけなくても、Yという正しくないことをしてしまうことがあります。Yをすることで矛盾が生じますが、それがよりよいZという結果を導くのです。常に変化する社会の出来事を認識し、説明することを弁証法と呼びます。すべての現象は、正しいものに向かっている通過点なのです。

先生との関係やカンニングをした子との関係を総合的に考えて、よりよい結果を導くように努力してみましょう。

Q32
ヒント

ヘーゲルは共同体の最小単位を愛で結ばれた家族と位置づけました。コンビニは市民社会に属します。そこに対立が生まれたとき、どう解決されるべきでしょうか。

◀解答例は80ページ

Q33

働くだけの日々がむなしい

ヘーゲルの共同体論

長い1日が終わったなあ。今月はけっこう契約を取ることができたからよかった。新しい地区を担当して結果を出すことができた。でも、働いてばかりの日々ってどうなんだろうと時々虚しくなる。知人には、会社を辞めて気ままに暮らしているヤツもいる。僕もそうしたいと思うときもあるけれど、それが正しいのかどうか――。

◀ヒントは次のページ／解答例は82ページ

Q32の解答例

ヘーゲルのいう共同体の最小単位は家族です。家族のメンバーは愛で結ばれています。一方、バイトをしているコンビニは市民社会に属しています。人間は、市民社会で労働し、対価を資産として手にします。その資産でもって家庭を維持するのです。

市民社会は、人間の「〜したい」という欲求によって社会の歯車を回しています。人間個々の欲望の相互作用をヘーゲルは欲望の体系と名付けました。

市民社会では、個々の欲望の相互作用が強くなり、格差が生まれてきます。努力・能力だけでなく天候・運などの要素が加わり、不公平な市民社会が形成されます。それを回避して、共生するには福祉行政が必要となります。つまり、矛盾・対立する、家族と市民社会のアウフヘーベンとして福祉行政をおこなう国家が生まれるのです。

あなたの場合、ケガの度合いがひどければ、労災も検討してみましょう。

Q33
ヒント

人間の活動とは、欲望を満たすことが出発点とヘーゲルは説きました。労働は、欲望を満たすためにどのような役割を担うのでしょう。

◀解答例は82ページ

Q34 どうして働かなければいけないのだろう

マルクスによる労働の定義

昨日、生涯賃金についてニュースをやっていた。大卒男性の生涯賃金は２億６０００万円だって。もし、宝くじで３億円以上あたったら、仕事を辞めて好きに暮らせるってことだろうか。

◀ヒントは次のページ／解答例は84ページ

Q33の解答例

人間の活動とは、欲望を満たすことが出発点となり、欲望は対象を消費することで満たされる――。ヘーゲルはそう説明しました。

ステーキを食べるということは、牛肉を消費していることになります。映画を観れば、電力を消費します。あらゆる欲望が際限なく続きます。では、ステーキや映画を作るのは労働です。人の労働によって肉牛はステーキに、俳優たちの労働によって演技が映画になるのです。労働している間、人は欲求を抑えています。つまり、労働は理性的に自分をコントロールする行為とも言えるのです。労働は、人間が欲望に染まった状態から脱して、自らをステップアップして、精神を高度化するのです。

労働は何にもまして尊いものです。ですので、あなたは自信を持って汗をかいて働きましょう。

Q34
ヒント

マルクスは資本主義社会で労働者はどのような状況に置かれていると考えたのでしょうか。

◀解答例は84ページ

Q 35

集団で勝手なふるまいは許されるのか

ホッブズによる自然権と自然法の定義

軽音部の運営でまたもめてしまいそうだ。中心的存在だったKさんが家庭の事情で辞めてしまったのだ。個々人が派閥を作って好き勝手やっていたのを、Kさんは抜群の統率力でまとめていたのだ。しかし、再び、クラブはまとまりを失い、てんでバラバラの状態で、困っています。どうすればよいでしょう。

◀ヒントは次のページ/解答例は86ページ

Q34の解答例

マルクスは「阻害された労働」は悪いと考えました。では阻害された労働ってなんでしょう? それは単に富の拡大のみが目的である労働のことです。マルクスは、労働によって社会に対して働きかけ、他者と交流し、社会に役立つことができると考えました。目的があいまいな労働は、強制的な活動となります。マルクスは、資本主義社会では、このような状態に労働者がいると考えました。

宝くじがあたって仕事を辞めるということは、労働の目的は賃金のみということになります。社会との関わりを保ち続けるためにも、仕事は続けるほうがよいでしょう。

Q35
ヒント

ホッブズによると混乱をおさめるためには、平和を維持するための約束が必要です。ではどのような約束が必要でしょうか。

◀解答例は86ページ

Q 36

理不尽な仕打ちに対抗する

ホッブズの反抗権

隣の軽音部はカリスマ部長が辞めて困っているみたいだけれど、私たちのコーラス部も別の悩みがあるのです。コンクール参加の費用は、参加する人だけが負担するはずなのに、全部員から強制的に徴収されることになったの。

私たちはこの指示を出した幹部たちに反抗するべきでしょうか。

◀ヒントは次のページ / 解答例は88ページ

Q35の解答例

ホッブズは、すべてのものは物体とその運動であると説きました（＝唯物論）。彼は人間さえも自動機械だとしています。彼は、人間はすべて同質の自動機械であるから平等だと説明します。そして、自分の命を守るためにあらゆる手段を尽くします（＝自然権）。その混乱の中（＝万人の万人に対する闘争）では、社会は成立しません。そこで人々は理性の声（＝自然法）に従います。混乱をおさめるためには、平和を維持するための約束が必要です。そのためには、それぞれが持っている自然権を、自分たちに影響を及ぼす権力に渡し、自然権を制限します。その権力が国家だというのがホッブズの考えです。

クラブの混乱を収束させるには、各人の勝手な振る舞いをやめさせて、それぞれのベクトルをひとつの方向にまとめるのがよいでしょう。

Q36
ヒント

ホッブズによれば自然権を求めるあまり混乱が起きれば、平和を維持するのが困難になります。そこで自然権に制限をかける必要がでてきます。

◀解答例は88ページ

Q37

争いごとをやめるには

ルソーの「自然回帰論」

軽音部とコーラス部のゴタゴタが飛び火してきたかのように、僕たちのオーケストラ部も部内が混乱しています。部で管理・保管していた楽器を個人に引き渡すことにしたため、バイオリンやフルートなど楽器の奪い合いが起きてしまって困っています。以前は、全国有数のハーモニーを奏でられたのに、今はハーモニーなんてとんでもない状況です。どうすればよいのでしょうか。

◀ヒントは次のページ／解答例は90ページ

Q36の解答例

ロックによると、自然状態において各人は自己の労働によって食物や土地を所有し、人口は少なく、土地は広く、自然の産物もあり、平和でした。しかし、貨幣の発明により、財産の安全が確保された状態に移行する必要があります。そのために、相互に不可侵の約束をする必要が生まれました（＝社会契約）。それぞれが同意して合議体（＝議会・政府）に自然権を信託することで、国家を形成したのです。

大切なことは、この社会契約には人々に抵抗する権利が認められていることです。合議体は人々の委託を受けているのですから、委託に背いたら、政府の転覆をしてもよいとロックは説きます。

ですので、コーラス部の場合は、まずはじっくり幹部の方針が理にかなっていないことを強気で説明するのがよいでしょう。

Q37
ヒント

ルソーは自然状態にある人間は、自己保存の本能と他者への思いやりの2つの能力を身につけていると説きました。

◀解答例は90ページ

Q38

どんな格好をしてもよいのか

ミルの自由主義

この間、コミケに行ってきた。みんな思い思いの格好をしていてとても羨ましかった。私も自分が好きだと思う格好をして歩いてみたい。

◀ヒントは次のページ／解答例は92ページ

Q37の解答例

フランスの思想家ルソーによると、自然状態にある人間は、自己保存の本能と他者への思いやりの2つの能力を身につけています。この自然の状態はホッブズやロックのいうものと違って争いごとのない状態です。そこに私有財産が生まれ、不平等が生まれ、人間から自己保存の本能と他者への思いやりを奪ってしまいました。そこで、ルソーは「自然に帰れ」と言ったのです。

オーケストラ部の場合は、まず元の状態に戻すことから始めてはどうでしょう。楽器を以前のように部で管理・保管することで以前の穏やかな雰囲気に戻るかもしれません。

Q38
ヒント

人が自由に振る舞えるのはどこまででしょうか。

◀解答例は92ページ

Q39 秘密の告白をした親友の勇気

ベンサムの功利主義

親友のRが思いつめた顔でやってきた。お茶を出しても飲むわけでもなく黙ったままだったが、自分がゲイであることを公表するという。隠すことに疲れたという。Rがゲイだとは昔から知っていたが、どう答えてあげればよいのだろうか。

◀ヒントは次のページ／解答例は96ページ

Q38の解答例

自由主義を唱えたミルによると、個人が自発的におこなう行為については不干渉であることが最善とされています。つまり、他人に危害を及ぼさない限り、自分の生命・身体・財産に関して自由です。それがどれだけ理解を得られなくても、その人の自由なのです。

ですので、他人に危害を及ぼさない限り、あなたは自分が好きと思える格好をしてもなんの問題もありません。

Q39
ヒント

ベンサムの功利主義は幸福や快楽の内容についてどのように説いているのでしょうか。

◀解答例は96ページ

Q40

「絶対」ということはありえるのか

快楽主義と禁欲主義の差異

自分の勤める出版社の体制が変わりそうだ。ＩＴの会社が経営を任されたらしい。社長も交代となる。新しい社長はこれまでの慣習なんか気にしない人だとか。それが吉と出るか凶と出るか。社内はもう戦々恐々だ。従来のやりかたを変えるなんて、絶対に認められない。

◀ヒントは96ページ／解答例は98ページ

第3章

愛するということ

How to love your neighbor

Q39の解答例

功利主義を提唱したベンサムは、幸福や快楽の質を考慮しません。内容がどのようなものでも、多くの人が幸福であればよいというのが、ベンサムによる量的功利主義の考え方になります。

ですからR君が幸せであれば、同性愛者であれば、異性愛者であれ、問題はありません。

Q40
ヒント

ニーチェが哲学において疑いを抱いたものはなんでしょうか。

◀解答例は98ページ

Q41

自分の心にあるわだかまりについて

ルサンチマンの解消

今日は会社の送別会だった。同期で一緒にやってきたY子が転職するのだ。年も同じ、性格もよく似ているからぶつかりあったが、辞めるとなるとやっぱり寂しい。素直に「今までありがとう」って言えるかしら。

◀ヒントは次のページ／解答例は100ページ

Q40の解答例

19世紀の思想家ニーチェは哲学におけるあらゆる絶対的な基準を壊しました。人間が今まで信じてきた正しさの基準が存在しないと説いたのです。それが「神は死んだ」という言葉につながるのです。

飢えた子どものために母親が、金持ちの食料庫に入って盗むことはカント的道徳観からは認められません。金持ちは、「盗みはいけない」と言い、母親はそれ以外に道がないのだからしかたがないと判断します。

どちらかに正義があるのではなく、そう解釈したい人間の欲望があるだけです。

会社のあり方についても考えてみると、新しい社長とあなたとでは解釈の違いがあるのです。正しいものなどないのです。ですので、一度頭を空っぽにして相手の言い分を聞いてみるのもいいでしょう。

Q41
ヒント

絶対的真理についてニーチェはどのように考えているのでしょうか。

◀解答例は100ページ

Q42 退屈な日々に意味はあるのでしょうか

ニーチェが説く「永遠回帰」

毎日同じ時間に起きて、会社に行く。定時に退社して、家に戻る。こんな毎日の繰り返しの人生に意味はあるのだろうか。

◀ヒントは次のページ／解答例は102ページ

Q41の解答例

「誰かよりも優位に立ちたい！」「損はしたくない！」という気持ちを、ニーチェは力への意思と名付けました。この意志は常に人の中にあります。そしてより強くなることを求めます。他人と意見が対立したとき、対立するのは自分の意見を理解しない相手が無能だからだと考えます。このような歪んだ思い込みをルサンチマン（＝逆恨み）とニーチェは名付けました。

歪んだ気持ちを持ち続けるよりも、「自分は自分だから頑張ろう」と肯定した生き方を選ぶほうがよいでしょう。ニーチェが「絶対的真理は人間の捏造」と言うように、解釈で変わるのであれば、前向きに生きるほうがよいでしょう。

Y子さんの送別会、自分のためにも、快く彼女を送り出してあげましょう。

Q42
ヒント

すべてを受け入れて、肯定し、自己を乗り越える人間をニーチェは超人と名付けました。

◀解答例は102ページ

Q43 経験を重ねるということ

バースのプラグマティズムとは

大学のオーケストラ部のコンクールが近づいてきた。でも、各パートごとの練習と座学ばかりで全体で合わせる練習をまったくしていない。このまま実戦感覚を養わないいままコンクール本番ってことになるんだろうか。部長に聞いても、今までこのようにやってきたから、このまま行くとしか言わない。本当に大丈夫かしら。

◀ヒントは次のページ／解答例は104ページ

Q42の解答例

ニーチェは、世界は「力への意志」のせめぎあいだと説きます。それが永遠に繰り返されるのが人生です。この世界を「永遠回帰」と名付けました。しかし、この無意味な人生に意味を持たせるにはどうしたらよいかをニーチェは考えます。それが、この瞬間の連続を肯定することとしました。すべてに意味がないとするニヒリズムを能動的に位置づけて、人生をポジティブに見直したのです。

すべてを受け入れて、肯定し、自己を乗り越える人間をニーチェは超人と名付けました。最高の価値である神に代わる人間という意味です。

あなたがつまらないと思っている人生を受け入れ、乗り越える努力をしてみましょう。そうすれば、新しい視野が広がるかもしれません。

Q43
ヒント

言葉で説明するよりも実際に見せたほうが的確に意図が伝わります。

◀解答例は104ページ

Q44

大きな舞台を迎える心構え

ジェイムズのプラグマティズム

オーケストラ部はコンクールの当日を準備万端で迎えた。この日のために辛い練習を積んできた。目指すのはもちろん優勝。全員がその気持ちだ。でも、本当に優勝できるだろうか。どんな気持ちでステージに立てばいいのでしょうか。

◀ヒントは次のページ／解答例は106ページ

Q43の解答例

アメリカの哲学者パースはプラグマティズムを提唱しました。プラグマティズムは、観念や思考よりも、実際の行動に意味があるとする哲学です。大きいという説明をどうすれば的確に伝わるでしょうか。「縦が何センチ、横が何センチの立方体で～」という説明よりも、実物を見せたほうが早いですよね。よけいなこと（＝疑念）を考える余地がなくなります。

パースは、疑念を取り除くことで信念を固めることができると説明しています。

Q44
ヒント

ジェイムズの理論による世界を構築している要素は一体何でしょうか。

◀解答例は106ページ

Q45 無人の車内で着信に出るのは

カントの道徳論との対立

電車で帰宅中、誰もいない車両にひとり座っていると、実家からの着信があった。ちょうど、父親が検査入院から退院して、帰宅した頃だ。僕は電話に出るべきだろうか。

◀ヒントは次のページ/解答例は108ページ

Q44の解答例

バースの唱えたプラグマティズムを独自に解釈したのが20世紀の哲学者ジェイムズです。彼は、行動してその効果があれば、それが真理だと説きます。

頂点を目指して研鑽を積む部活動は厳しいものです。しかし、あなたが楽しいと思うことで、部活動は楽しいものになります。そしてあなたが部活動を辛いと思えば、辛いものになるのです。つまり、あなた自身が世界のあり方を創造しているとジェイムズは説きます。「楽しいから笑うのではなく、笑うから楽しい」と彼は言うのです。少し無理があることも事実です。しかし、自分たちが「優勝する！」と信じて、ステージに立てば、その思いは実現するかもしれません。

Q45
ヒント

車内で電話に出ることはマナー違反という価値判断を疑うことはどういう意味を持つのでしょうか。

◀解答例は108ページ

Q46 実在の意味とは

カントの実存主義

目の前にある真っ赤なリンゴ。これは本当に存在するのだろうか。

◀ヒントは次のページ／解答例は110ページ

Q45の解答例

誰もいないとはいえ、電車のなかで通話することはマナー違反です。カントのいう道徳観からいえば、いけないことです。

しかし、プラグマティズムの視点からはどうでしょうか。それは、ただの価値判断をしただけになります。プラグマティズムでは、価値判断を先にするのではなく、まず行動してその実際の効果を確認します。

つまり電車の中で通話してはいけないという価値判断が存在しているのではなく、状況を鑑みて決定される事実判断があるだけなのです。自分が正しいと信じていることをもう一度疑うことで、より実践的な思考を進められるのです。

この場合は、電話に出ることの価値と出ないときの価値の両方を検討して、判断するべきでしょう。

◀解答例は110ページ

Q46
ヒント

眼の前にあるモノをあなたの内面はどう理解しているのでしょうか。

Q47

自分の利益をどこまで追求できるか

ヤスパースの説く「限界状況」とは

クルーザーが嵐で座礁し、海に投げ出された。たまたま木材が流れていたのでしがみついていたが、自分だけを支えるので精一杯。そこにもうひとり海に投げ出された人がいて、同じ木材にしがみつきたそうだ。僕はどうしたらよいのだろう。

◀ヒントは次のページ／解答例は112ページ

Q46の解答例

現代の哲学はニヒリズムを唱えたニーチェから始まりました。神が絶対的な存在ではなくなりましたから、別の方法を模索する必要があります。それが、自分の内面から探求する「実存主義」という哲学です。

あなたが感じている真っ赤なリンゴは3D映像かもしれません。しかし、真っ赤なリンゴをあなたが感じていることは真実です。真っ赤なリンゴを感じながら、まだ色づいていない青いリンゴが存在することはありません。

あなたが真っ赤なリンゴを内面で感じたならば、それはあなたの真実なのです。

Q47
ヒント

人間が避けることのできない状況をヤスパースはどのように説明しているのでしょうか。

◀解答例は112ページ

Q48

孤独について

ヤスパースの説く人間の関係性について

他人との関わりを避けて生きることは可能だろうか。

◀ヒントは次のページ／解答例は114ページ

Q47の解答例

ドイツの哲学者ヤスパースは、人間を合理的な存在を超えた存在だとしました。人は一定の状況の中で生きていきますが、そこでは「死」「苦悩」「闘争」「罪責」という避けることのできない「限界状況」に突き当たります。しかし、世の中は、根本的なところに争いが存在し、勝利した者が多くを得るようにできています。自分が生き延びるためには、奪い合うしかありません。

◀解答例は114ページ

Q48
ヒント

人と人が出会って構築する関係性をヤスパースはどのように定義しているのでしょうか。

Q49 死の恐怖を克服できるか

ハイデガーの「存在」について

死ぬのが怖い。どうすればその恐怖をやわらげられるだろう。

◀ヒントは次のページ／解答例は116ページ

Q48の解答例

ヤスパースによると人間は対象化されない存在だと考えました。合理的を超えた存在として、他の誰にも代替不可能な存在としたのです。

人生のいくつかのイベントについても、愛する人とも長い時間を過ごした家族とも、それぞれが違う感じ方をしているのです。

しかし人間はひとりでは存在できません。人と人が出会うときに、代替不可能な関係ができあがります。

確かに人との関わりは煩わしいこともありますが、そこを耐えることが大事です。ヤスパースは相互の理解には理性を働かせることが必要だと説きます。理性は独善的な考えの限界を教えてくれて、より高い理解へ導いてくれます。そのためにも、やはり他人との関わり合いは必要です。「真理は2人から始まる」（ヤスパース）のです。

Q49
ヒント

ハイデガーの定義した存在から死を考えてみましょう。

◀解答例は116ページ

Q 50

人間はどこまで自由か

サルトルによる「自由と責任」

自分自身の可能性を信じてもいいのだろうか。僕は何にでもなれるのだろうか。

◀ヒントは次のページ / 解答例は118ページ

Q49の解答例

ハイデガーは、自分を起点として存在とは何かと考えました。そこで存在者と存在を区別しました。人間（＝存在者）と人間が存在すること（＝存在）は違うのです。存在とは作用のひとつです。存在の作用としての人間のことを現存在（ダーザイン）と名付けました。現存在、つまり人間は、ある時点より先には一切の可能性がないと説きます。それが「死」になります。現存在にとって、自身の死は、誰にも変わってもらえないものです。また先に経験もできないが確実にやってきます。

死ぬことは人間の存在に組み込まれているのです。それを知って生きることで、本来の自分を取り戻すことができるはずです。

Q50
ヒント

サルトルによると人間が人間たらしめるのは、後天的な要素になります。

◀解答例は118ページ

Q 51 人の目を意識してしまう

サルトルによる「対自存在」と「即自存在」

会社で人の目が気になります。なぜか緊張してしまって、仕事がはかどりません。気にし過ぎなのでしょうか。

◀ヒントは次のページ／解答例は120ページ

Q50の解答例

サルトルは「人間は目もくらむほど自由だ」と説きます。そして、同時に「人間は自由の刑に処されている」とも説きました。

自由であることは責任が発生します。自分が自由であることは、何に頼ることもなく、自分自身の世界に意味を与えなければならないのです。人間は自由であるからこそ不安を感じるのです。

人間は先天的に何かという存在ではなく、後天的に人間になるのです。自分で自分自身を作り上げていくのです。ですので、あなたは、あなたの責任であなたの世界に意味を与えることで、何にでもなることができます。

Q51
ヒント

サルトルは、なぜ人間は緊張するのかを説明しています。そこから解答を導きましょう。

◀解答例は120ページ

Q52

依存症から抜け出せるか

サルトルによる自我の定義

酒、ギャンブル、薬物……。人はなぜ依存症から抜け出せないのでしょうか。

◀ヒントは次のページ／解答例は122ページ

Q51の解答例

サルトルは、「他者は、私をそのまま凝固させる敵だ」と説明しました。私は自由な意識をもった存在ですが、他者もまた自由な意識をもった存在なのです。私たちは意識をもった存在（＝対自存在）です。一方、ナイフやテーブルは意識のない存在（＝即時存在）です。他人が自分を見るということで、自分が見られていると意識し、緊張することは、人間が対自存在から即自存在になってしまっていると意識しているからです。それが緊張となっているのです。

緊張しないためには、自分が即自存在でなく対自存在であると抵抗することです。つまり、相手にも同じように眼差しを向けるのです（＝相克）。

生きていくのですから、相克から逃げずに人間関係を構築していきましょう。

Q52
ヒント

サルトルは、私たちの自我は常に変わっていると説きました。

◀解答例は122ページ

Q53

なぜ差別してはいけないのか

ロールズの原初状態

どうして差別が起こるのでしょう。人は仲良く暮らせないのでしょうか。

◀ヒントは次のページ／解答例は124ページ

Q52の解答例

依存症の人が、「もうしません」と誓いを立てても、それを破ってしまうことはよくあります。アルコール依存症の場合、2年で25パーセントが再発します。

もう飲まないと決めたのに、また飲んでしまうのは、「私は私でない」証拠なのです。「私が私でない」矛盾について、サルトルは「自我というものは実は存在しない」と考えました。自我は自身の内面、つまり自分自身に向ける「反省作用」の結果だといいます。注意・感覚・思考などの意識の作用を内面に向けることです。

野球をしていて凡退をした。ベンチでなぜ失敗したかを思い出し反省します。そのときに、凡退したという自我が出てくるのです。それの連続が日常なのです。

私たちの意識は常に変わっています。前のように依存症が再発するかもと恐れることなく、新しい自分は依存しないことを決意しましょう。

Q53
ヒント

ロールズが考える2種類の正義についての解釈から答えを導きましょう。

◀解答例は124ページ

Q54 格差社会で生き残るには

ロールズによる2つの正義

格差社会で生きるのは厳しい。でも、どうして格差を受け止めなければいけないのだろう。金持ちに生まれなかったのが不運だったとあきらめるしかないだろうか。

◀ヒントは次のページ／解答例は126ページ

Q53の解答例

アメリカの政治学者ロールズはベンサムの「最大多数の最大幸福」を、個人間の差について考慮していないとして、批判しました。ロールズによると、収入、人種、宗教などの違い、利害関係や社会的立場などを考慮すると共同体のなかで共通の原理を見つけることは難しいとしています。

すべての人が自分のことをまったく知らない原初状態なら、「正義の諸原理は、無知のヴェールの背後で選択される」ので自分の地位、人種、民族、学歴などわからないままであれば、誰もが平等主義を選ぶはずです。

本来、すべての人は平等に、最大限の基本的自由を持つべきです。それが持てない社会は、歪みが発生しています。

Q54
ヒント

ロールズが考える2種類の正義についての解釈から答えを導きましょう。

◀解答例は126ページ

Q55 税金を払う意味とは

ノージックによる国家の役割

どうして税金を収めなければいけないのですか。それが福祉にまわされるのが許せません。

◀ヒントは次のページ／解答例は128ページ

Q54の解答例

ロールズは正義の定義こう説明しました。社会・経済的な資源の配分に関して次の2つが満たされる場合は、一定の不公平を許容すると。

その2つとは「公正な機会均等原理」と「格差原理」です。2つ目の格差原理とは最も不利な立場に置かれた人の利益が最大になるようにすることです。

この2つが満たされない場合は、偶然に恵まれた現状にいる人は、不遇な人に自分の利益を分配するべきだとロールズは説明します。

Q55
ヒント

福祉国家を否定したノージックは個人の自由を重要視しました。それと納税の関係について考えてみましょう。

◀解答例は128ページ

Q56

消費社会ですり減らないために

リバタニアリズムにおける消費の意味

スマホやパソコンの新しい商品が発表されたらすぐに買いたくなります。働いても働いても支払いに追われるばかりです。私はどうすればよいのでしょう。

◀ヒントは次のページ／解答例は130ページ

Q55の解答例

アメリカの哲学者ノージックはロールズの福祉国家的な側面を否定して、最小限の機能（安全保障や治安維持など）のみを備えた夜警国家が正義にかなっていると唱えました。

有名な野球選手は年俸も高いので高額納税者ですが、彼らの年俸に課税して貧困層に再分配することは、ただで野球選手を働かせているのと同じです。ノージックは個人の自由を重要視したのです。この考えをリバタリアニズムと呼びます。リバタニアニズムの政府になれば、支払う税金は少なくなるでしょう。

Q56 ヒント

古代ギリシアにおいて人生の目的は最高善に到達することです。そのために何をするべきなのでしょうか。

◀解答例は130ページ

Q 57

憂うつな社会を生き抜くために

共同体における自分の役割の再発見

僕が幸せな人生を送れないのは、僕の努力が足りないのだろうか。

◀ヒントは次のページ／解答例は132ページ

Q56の解答例

私たちはもっとシンプルに生きたいと思っていても、なにかに急かされるようにモノを買います。そのお金は労働によって生成されるのですから、買うために働いているともいえます。

ノージックの提唱するリバタニアニズムでは、自由な競争がおこなわれて、新しいサービスが生まれます。また、社会に大きく貢献したものは、大きく所得を伸ばすのです。この社会システムの中で、富裕階層の活動が貧困階層の生活を引き上げると考えることもできます。

もしあなたが、ノージックの論に従うなら、そのままでよいでしょう。もし、違うなら、労働と購買の連鎖から抜け出すことを心がけましょう。

Q57
ヒント

サンドルによると消費社会の中で私たちは共通の価値を見失ってしまいました。

◀解答例は132ページ

Q58 一歩前に出る勇気

アリストテレスの説くエネルゲイア的行為とは

自分の将来が不安です。このまま仕事を続けるべきでしょうか。

◀ヒントは次のページ／解答例は134ページ

Q57の解答例

サンドルをはじめとするコミュニタリアンは自由主義社会での消費生活を以下のように批判しました。

「福祉国家は平等を進めようとするが、個人は市場権力に翻弄され、国家の保護がすべての人たちに浸透しない。個々人の差異が広がり過ぎて共通の価値を失ってしまったので、地域の共同体の中での立場を理解して、共同体の歴史の中で保たれてきた共通の善を大切にするべきだ」と。

どんなに頑張っても上がらない給料など憂うつになることが多い時代です。しかし、一度自分の足元を見直してみましょう。会社だけが人生ではありません。私たちは会社に属しているだけでなく、家族や地域という共同体にも属しています。時間がかかるかもしれませんが、それらでの活動もしてみてはどうでしょうか。

Q58
ヒント

よりよい未来を狙うための今の活動ではなく、今この瞬間に集中して活動することが結果的によりよい未来を導くのです。

◀解答例は134ページ

Q59 時間とは

ベルグソンによる時間の定義

忙しすぎて自分の時間が取れない。僕の人生はこうやって終わるのだろうか。

◀ヒントは次のページ／解答例は138ページ

Q58の解答例

新しい会社の一員となったとき、生涯設計をした人も多いでしょう。「25歳で結婚、30歳で最初の子供を持って、35歳でマイホームを購入……」というふうに。

しかし、その通りに人生は進んでいますか。ある日、交通事故に遭うかもしれません。ある日、医者から大病を宣告されるかもしれません。人生は予定通りに進まないのです。今までうまく進んでいても、明日、何が起こるかわかりません。

アリストテレスは「未来を忘れ、今に熱中せよ」と説きます。この瞬間に集中する行為をエネルゲイア的行為とアリストテレスは言いました。その行為とは、自分にとって充実している状態であり、それがすでに達成した成果になると説明しています。

楽しいと思っている仕事に全力で打ち込み、充実を感じながら生きている人を世の中は気づかないことはないでしょう。

Q59
ヒント

私たちは時間を他者と共有しています。その考えから離れてみましょう。他者に影響されない時間とはなんでしょうか。

◀解答例は138ページ

Q60 幸福とお金の関係

ウェーバーによる天職の定義

お金がたくさん欲しい。そうなれば幸せになるでしょうか。

◀ヒントは138ページ／解答例は140ページ

第4章

人生について

The meaning of my life

Q59の解答例

手帳を開けてスケジュールを「管理する」。どこかに空いた時間があれば、それを埋めて充実感を味わいます。私たちにとって普通のことです。しかし、時間とはそういうものだろうかと考えたのがベルグソンです。時間というのは1時間は60分であり、1日は24時間という客観性を持ちます。その時間を切り刻み、他者と共有することで、自由を失っているのです。

客観性から離れて、主観的な時間を持つことにトライしてみましょう。スケジュールをまったく入れない日を1日設けることで、他者と何も共有しない主観的な時間を作れるはずです。主観的な時間を作ることで、本来の自我を私たちは取り戻すことができます。

◀解答例は140ページ

Q60
ヒント

どうしてプロテスタントとカソリックでは、プロテスタントのほうが裕福なのでしょうか。

Q61

人生を切り開く勇気

デカルトによる問題解決の方法

新しい人生の一歩を踏み出したいが勇気が湧いてこない。

◀ヒントは次のページ／解答例は142ページ

Q60の解答例

マックス・ウェーバーは「富への執着を捨て、懸命に働いた人が結果的にお金持ちになった」と説きます。

彼はプロテスタントのほうがカソリックよりも裕福であることに気が付きました。カソリックは「予定説」を信じて、人間の運命はすべて神に決められていると信じていました。審判の日に神に救済される人は決まっているのです。一方、プロテスタントは「予定説」を採っていません。救われるかどうかわからないので、一生懸命に神に好まれる人間になろうとします。では、神に好かれる人間とはなんでしょう。それは神に与えられた天職に勤しむ人です。ひたすら天職に専念すること(=世俗的禁欲)で、プロテスタントは結果的に裕福になったのです。私たちの幸せをプロテスタント的な救いに求めるなら、お金の量ではなく、天職への情熱と天職に打ち込むことです。

Q61
ヒント

大きな悩みに直面したとき、硬直したままでは解決できません。解決するにはどういう手順が必要でしょうか。

◀解答例は142ページ

Q62 疲れ切ってすべてを捨てたい

ドゥルーズによる「穴」の定義

すべてを捨てて逃げ出してもいいでしょうか。

◀ヒントは次のページ／解答例は144ページ

Q61の解答例

転職、離婚など人生の転機はたくさんありますが、その一歩を踏み出せないことも多いです。資格が足りない、お金がない、親との折り合い――。いくつもの問題があり、それらを解決しなければ、前に進めないから、その場に立ち続けている人も多いでしょう。

デカルトは「難しい問題のそれぞれを、自分が解決できる大きさにまで分割すること」と説きました。大きな目標の達成までにいくつものチェックポイントを設けて、それを確実に通過していく。そうすれば、最終ゴールまでぶれずに目的意識を失わずに到達できると考えたのです。

デカルトは神がすべてのヨーロッパにおいて、人間の理性で成立する世界を認識することに成功したのです。「我思う、ゆえに我あり」はその最初の一歩です。

Q62
ヒント

何から、そしてどうやって逃げ出すことができるのでしょうか。

◀解答例は144ページ

Q63 格好だけが評価されるのでしょうか

サルトルの「実存」に込められた意味

頭もよくないし、顔もかっこよくないし、太っています。人生が楽しくありません。

◀ヒントは次のページ／解答例は146ページ

Q62の解答例

疲れ切った身体に鞭打って、満員電車から吐き出される毎日──。やめたいけれど、やめるにやめられないと考えている人も多いでしょう。

フランスの哲学者ドゥルーズは「動かなくても、動くことはできる」と説きました。どういう意味でしょうか。監獄にいるような日々でも穴があり、そこから逃げ出すことができるというのです。会社を辞める必要もなく、精神的な逃走をドゥルーズは薦めます。

逃げようのないストレスから逃げることは難しいです。それなら、誰からのストレスのない時間を1日の中で作るなどの工夫をしてみましょう。出社時間を1時間早める、定時に退社して1時間だけ自分の時間を作る──。」考え方ひとつで逃げ出したくなるようなストレスを減らす方法があるのです。

Q63
ヒント

自分のイメージの呪縛から自分を解き放って、自分の可能性を信じることができるとサルトルは言います。

◀解答例は146ページ

Q64

過去とどう向き合うか

ニーチェのディオニュソス的な生

忘れたい過去を忘れることはできますか。

◀ヒントは次のページ／解答例は148ページ

Q63の解答例

猫は自分が猫であること以外に自分の存在を決めることができません。人間だけが、自分を否定して、あらゆることから自由になり、自分のあり方を決めることができるのです。サルトルは、「実存は本質に先立つ」として、自分のイメージの呪縛から自分を解き放って、自分の可能性を信じていける存在だとしました。

バカでも、ブサイクでも、デブでも、人間は努力によって、反対側に、つまり知的で、ハンサムで、スッキリしたところに自分を到達させることができる。努力と正しい意志によって、同じ効用を獲得できるのです。

Q64
ヒント

ニーチェは、アポロン的な生（＝失敗を恐れて危ういことにかかわらない生）よりも、ディオニュソス的な生（悲喜こもごもな生）を評価しました。

◀解答例は148ページ

Q 65

辛い現実を受け止めるには

チクセントミハイのフロー体験

同期入社との差が気になる。出世競争から外れたかもしれない。

◀ヒントは次のページ／解答例は150ページ

Q64の解答例

多分、忘れられません。忘れないことでよりよい人生を歩むことができるはずです。ニーチェは、アポロン的な生（＝失敗を恐れて危ういことにかかわらない生）よりも、ディオニュソス的な生（＝悲喜こもごもな生）を評価しました。よい経験も悪い経験も因果でつながれているのです。波乱万丈であり、面白くも過酷な人生をニーチェは何をおいても肯定しました。

どんなつらいことでも、なんとかやり過ごしたら、後に振り返ったとき、楽しいことよりも大きな輝きを放っているはずです。とても辛いと思える今このときのトラブルこそが、よりよい未来へ自分を導いてくれるのです。

◀解答例は150ページ

Q65
ヒント

人生で充実感を味わうには全力を出し切ることが大事だとチクセントミハイは説きました。

Q66

「いいね！」を集めることの意味

ラカンの承認欲求

フェイスブックの「いいね！」やツイッターのリツイートがうれしい。

◀ヒントは次のページ／解答例は152ページ

Q65の解答例

会社の中では肩書が気になります。外に出れば、会社の名前が気になります。その底流には「オレのほうが偉いんだ」という気持ちになりたいからです。実力だけが考慮される世界において重要なのはどっちが優れているではなくて、求められていることに対して自分の力を出し切ることです。ハンガリー出身の心理学者チクセントミハイはこれをフロー体験と命名しました。

フロー体験中、人は没我の状態にあります。能力を最大限に発揮している状態ですので、多幸感と高揚感を感じているはずです。

他人と比べて優れているかどうかよりも、フロー体験を多く重ねることが人生の充実につながります。

◀解答例は152ページ

Q66
ヒント

「大文字の他者」に認められることが人生の意義だとラカンは説明しています。

Q67

このままの人生でよいのでしょうか

ホッブズの「自然状態」の定義

漠然とした不安が頭から離れません。私はこのまま生きていてもよいのでしょうか

◀ヒントは次のページ／解答例は154ページ

Q66の解答例

ランチの写真をアップするなどSNSで多くの人に見てもらえれば楽しいものです。心理学ではこのことを承認欲求と呼びます。

ラカンは人の承認欲求がいかに無意味かを説きました。いくら知り合いから承認されても、真の満足は得ることはできない。真の満足とは「大文字の他者（=神など）」に止められなければ得られないのです。誰もいない道に財布が落ちていても、そのまま盗ったりはしません。それも「大文字の他者」の効果と言えるでしょう。

ゴッホは生前、数枚しか絵が売れませんでした。しかし、自分を貫き、命を燃やし、絵に打ち込みました。そして、現在、ゴッホの絵は「大文字の他者」の承認に耐えうる者です。「小文字の他者」の「いいね！」をもらっても人生の役には立ちません。大文字の他者の承認をもらうことを考えましょう。

Q67
ヒント

ホッブズは人生で漠然とした不安を持つことは当然だと説きました。

◀解答例は154ページ

Q68 いじめとどう付き合っていくのか

アドラーによるパーソナリティ理論

友人なのに、僕をバカにするヤツがいて我慢できません。

◀ヒントは次のページ／解答例は156ページ

Q67の解答例

電気を消して、暗闇の中で何を考えますか。明日の仕事のこと、週末のデートのこと、もしかしたら将来のことかもしれません。ときどき、言いようもない不安が頭にもたげてくることもあるでしょう。そんなもやもやは、人間にとって当たり前だと言った哲学者がホッブズです。生き馬の目を抜く競争社会で不安にさいなまれて生きている状態を自然状態とホッブズは言いました。

その恐怖は、人間の根源的な感情なのです。その社会で生き残るには油断もしてはいけませんし、驕ってもいけません。臆病であり、慎重に生きてこそ、漠然とした悩みは少しだけ軽減されることでしょう。

Q68
ヒント

あなたが直面している課題の「主語」は何になりますか。それが、あなたではなければ、解決するのはあなたではありません。

◀解答例は156ページ

Q69

幸せを求めるのは善でしょうか

トクヴィルの利己主義

自分だけの幸せを追求して、何が問題なのだろうか。

◀ヒントは次のページ／解答例は158ページ

Q68の解答例

個人心理学を研究したアドラーは、「この課題は誰のものか」をつねに意識しました。「友人があなたをバカにする」のと「友人にバカにされたくない」というのは、主語が違います。つまり、別の問題なのです。他人の課題を自分自身の課題だと思いこんでしまうことが、苦しみの根源なのです。アドラーは自分でできることは努力するべきだが、他人のことはどうしようもないと説きます。つまり、考えるだけムダなのです。

では、いじめについて考えてみましょう。アドラーの考えに沿うと、学校や会社でいじめにあっていたら、無理に行くことはないのです。いじめの苦痛を感じなくなる暮らしになるまで、生き延びることが大事です。

あなたの課題を解決することが重要であり、他者の課題に関係する必要はないのです。

◀解答例は158ページ

Q69
ヒント

トゥイグルは利己主義には2種類あると説きました。社会全体のためになる利己主義とはどのようなものでしょうか。

Q70

浪費がやめられない

ギブソンによるアフォーダンスの概念

ついついコンビニなどでムダ遣いをしてしまいます。どうしたらやめられるでしょうか。

◀ヒントは次のページ／解答例は160ページ

Q69の解答例

自分だけの利益を追求し、他人のそれを考えないことをエゴイズムといいます。フランスの社会学者トクヴィルによると、自分の行為は自分の利害によって動機づけされると解説されます。

エゴイズムは心理的利己主義と倫理的利己主義に二分されます。心理的利己主義は、ホッブズの説く、「自然状態」に人間があるので、法律などの規律が必要だと考えます。また、倫理的利己主義は、社会全体のために自分の利益を追求するべきだと考えます。自分の利益を追求することが、結果として社会のためになるということです。

Q70
ヒント

取っ手のないドアを前にどのような行動を取るでしょうか。

◀解答例は160ページ

Q71

好きになれない人への対処法

知性を邪魔するイドラとは

ウマのあわない人がいます。好きになれるように別の角度から見たいと思いますが、どうしても先入観が邪魔をしてしまいます。

◀ヒントは次のページ／解答例は162ページ

Q70の解答例

アメリカの知覚心理学者ギブソンの考えをもとに考えてみましょう。ギブソンはアフォーダンスの概念を提唱しました。これは日常に取り入れられています。たとえば、ドアを例に考えましょう。取っ手がついているドアは押したらいいのか、引いたらいいのかわかりません。しかし、取っ手がついていないなら、押すしかないのです。形を見てすぐにわかるようにするのが、アフォーダンスなのです。

その概念が取り入れられて、コンビニのレジの横に、お釣りで買えそうなデザートが置いてあります。無意識のうちに、買うように誘導されてしまうのです。ですので、本当に必要なもの以外は買わないという意志を持ち続けることが大事になります。

◀解答例は162ページ

Q71
ヒント

あなたの眼を曇らせているのは、何かを最初に考えてみましょう。

Q72

オリジナリティと創造とは

ボードリヤールのハイパー現実

テレビに映るＣＭ、ラジオから流れる音楽――。見るもの、聞くものすべてが、どこかで見聞きしたことがあるようなオリジナリティのないものばかりで、辟易します。

◀ヒントは次のページ／解答例は164ページ

Q71の解答例

真理を理解するためには、思い込みを排除する必要があると説いたのはベーコンです。その思い込みをイドラと名付けました。そのイドラを4つに分類していますが、中でも「種族のイドラ」は大切です。これは、人間固有のイドラで、感情によって、知性（＝真理に到達する力）が邪魔されることをいいます。

ベーコンが唱えたのは「知は力なり」です。自然の仕組みを理解することで、人間は強くなれるということになります。そのためには、正しく物事を理解することが必要です。

先入観があなたの目を曇らせていることを理解して、もう一度クリアな気持ちでその人と接してみましょう。

Q72
ヒント

消費社会において商品や作品は、コピーですらなく、本物は存在しないとボードリヤールは説きます。

◀解答例は164ページ

Q73

社会の枠組みを無視して生きる

ドゥルーズとガタリのノマドロジー

会社とか学校とか国とかを気にせずに生きることはできるでしょうか。

◀ヒントは次のページ／解答例は166ページ

Q72の解答例

本来、オリジナリティが要求される音楽や文学の分野も、どこかで知っているようなものばかり。それを「リスペクト」や「オマージュ」という言葉でまとめています。

オリジナリティのないものをシミュラークルと名付けたのはフランスの哲学者ボードリヤールです。消費社会においては、商品や作品は、すでにある「コピーのコピー」として作り出されているのです。本物の存在しない社会を「ハイパー現実」とボードリヤールは呼びました。

世の中のほぼすべてがコピーであることは否めませんが、消費社会から離れたところに、オリジナリティの発揮された何かがあるかもしれません。

Q73
ヒント

社会や国家を越える人たちに対して、既成の枠組みでは対応しにくくなっています。その時の対応はどうなるのでしょうか。

◀解答例は166ページ

Q74

時代の流れに負けないもの

レヴィ＝ストロースの構造主義

地方に行くと昔ながらの風習が残っていたりして、困惑することがある。もう世界中がつながっている社会なのだから、古臭いものなんかやめればいいのに。

◀ヒントは次のページ／解答例は168ページ

Q73の解答例

コワーキングスペースやカフェでパソコンを使って仕事をしている人をノマドと呼びますが、もともと「遊牧民」という意味です。ドゥルーズとガタリは『千のプラトー』のなかで、ノマドロジーという思想を提唱しました。権力を嫌い、境界を越えて活動する遊牧民の生き方が、社会を変えていく原動力になると考えたのです。

現代社会の枠組みを気にせずに生きる人が増えてくると、会社や学校、そして国もそれに適した仕組みを作ってくるはずです。同じような仲間を増やすことが、あなたの思うような未来を描くきっかけになるはずです。

Q74
ヒント

レヴィ＝ストロースは未開の社会で、一見ムダに思えることがなぜ今も続いているのかを考えました。

◀解答例は168ページ

Q 75

あなたは赦すことができますか

アーレントの赦し

家にいるのが辛いです。どう頑張っても家族とうまく生活できません。

◀ヒントは次のページ / 解答例は170ページ

Q74の解答例

未開の社会の風習が、実は高度なシステムを構築していたことを見抜いたのがフランスの文化人類学者レヴィ＝ストロースです。物事や事象の全体的な構造を考えることで、その本質を探ったのです。

「木を見て森を見ず」という言葉もある通り、一見ムダに思ったり、古いと感じているものも、全体を見てみれば、今まで続いてきた理由が隠れているはずです。

Q75
ヒント

赦しは自分と相手を自由にしてくれるとアーレントは説明しています。

◀解答例は170ページ

Q76

悲しみは癒えるのでしょうか

フロイトの「喪の仕事」とは

大切な人を交通事故で失った。その悲しみがまだ癒えません。

◀ヒントは次のページ / 解答例は172ページ

Q75の解答例

人間の生活の基本単位は家族です。「家族なんだから」「やっぱり家族だね」というふうに、なにも考えずに、家族だから、わだかまりなく暮らしている人も多いでしょう。しかし、テレビのニュースでは、「息子を折檻死させた鬼親」「娘が祖父を刺し殺す」など家族間の事件も多いです。

不和の原因は、過去に根ざした嫌悪感や苦手意識が根底にあるようです。「全体主義」を批判したアーレントは、簡単に解決できない関係性について研究をしてきました。そして、「赦す」ことで、継続されてきた怨恨の連鎖を断ち切ることができると説きました。相手のあやまちを赦すことで、自分と相手が自由になるとしたのです。

どうしても赦せない家族でも、あなたから歩み寄ることで、憎しみの連鎖を断ち切ることができるはずです。

Q76
ヒント

死んでしまった人への愛が、復帰するために大きな役割を担うとフロイトは説明しています。

◀解答例は172ページ

Q77 生きる気力が出ない

ヴィトゲンシュタインの世界観

不治の病に何年も苦しんでいます。生きるのが苦しいのです。

◀ヒントは次のページ／解答例は174ページ

Q76の解答例

交通事故に限らず、愛する人を失うことはまるで自分の腕をもぎとられるような苦しさと悲しさを感じます。

フロイトは、悲しさから立ち直るプロセスを「喪の仕事」と名付けました。どうして悲しいのかと言うと、死んでしまった愛する人への気持ち（＝リビドー）が残っているからです。決して、生き返ることはないのに、愛の力を注いでいっているのです。しかし、いずれ悲しみがやわらぎ、もとの状態に戻ります。これが「喪の仕事」です。今、あなたが感じている悲しみから逃げることなく悲しむことが、あなたのできることなのです。

Q77
ヒント

ヴィトゲンシュタインの生きた時代は国が疲弊し、彼自身も鬱を病んでいました。それでも彼は生きることを諦めませんでした。

◀解答例は174ページ

Q78 死の恐怖からの逃避

ハイデガーによる「確実な死」

借金まみれで生活が辛い。人間関係も破綻した。もう死にたい。

◀ヒントは次のページ／解答例は次のページ

Q77の解答例

鬱に悩んだヴィトゲンシュタインは思索の末、不幸な世界から自分を切り離すことができました。命がある限り、自分が知覚できる世界は存在します。その世界で幸せに生きていこうと「意志」することはできると考えました。この世界にあなたがいること自体が奇跡なのです。ぜひ、幸せに生きることを強く思って日々を過ごしてください。

Q78 ヒント

あなたが死を覚悟することで、人生はどう変わるでしょうか。

Q78の解答例

死を意識するということは、生（＝人生）を意識したことになるとハイデガーは説きました。死を覚悟したとき、あなたの第二の人生が始まるのです。それは、本当にあなたに死が訪れるまで続きます。死のうと思った日が、あなたのもう一つの人生の最初の日です。

参考文献

『1日1ページ、読むだけで身につく世界の教養365』デイヴィッド・S・キダー、ノア・D・オッペンハイム／文教堂
『答えのない世界に立ち向かう哲学講座』岡本裕一朗／早川書房
『その悩み哲学者がすでに答えを出してます』小林昌平／文響社
『すっきりわかる！　超訳「哲学用語」事典』小川仁志／PHP
『人生をやり直すための哲学』小川仁志／PHP
『一生に一度は考えたい33の選択』富増章成／WAVE出版
『100の思考実験』ジュリアン・バジーニ／紀伊國屋書店

◆著者紹介◆
笠間リョウ（かさま・りょう）
1973年生まれ。大学院卒業後、コンサルティング会社に勤務。
現在は会社に勤めながら、思考実験を用いた企業研修やWEBプロモーションの相談を受けている（紹介に限り）。
将棋にも造詣が深い。

人生のどんな問題も解決する哲学思考
これは「考える」本ではなく「深く考える」本です

2019年1月23日　初版発行

著　者　笠間リョウ
発行者　野村直克
発行所　総合法令出版株式会社
〒103-0001 東京都中央区日本橋小伝馬町15-18
ユニゾ小伝馬町ビル9階
電話　03-5623-5121
印刷・製本　中央精版印刷株式会社

落丁・乱丁本はお取替えいたします。

ISBN 978-4-86280-661-1
総合法令出版ホームページ　http://www.horei.com/